Tobias Buchberger

Strategisches Technologiemanagement - Eine Einführung

Tobias Buchberger

Strategisches Technologiemanagement - Eine Einführung

GRIN Verlag

Bibliografische Information der Deutschen Nationalbibliothek: Die Deutsche Bibliothek
verzeichnet diese Publikation in der Deutschen Nationalbibliografie; detaillierte bibliografische Daten sind im Internet über http://dnb.d-nb.de/ abrufbar.

1. Auflage 2010
Copyright © 2010 GRIN Verlag
http://www.grin.com/
Druck und Bindung: Books on Demand GmbH, Norderstedt Germany
ISBN 978-3-640-73609-6

Strategisches Technologiemanagement

FH-Frankfurt University of Applied Sciences
Strategisches Informationsmanagement
Business Engineering

Tobias Buchberger
23.06.2010

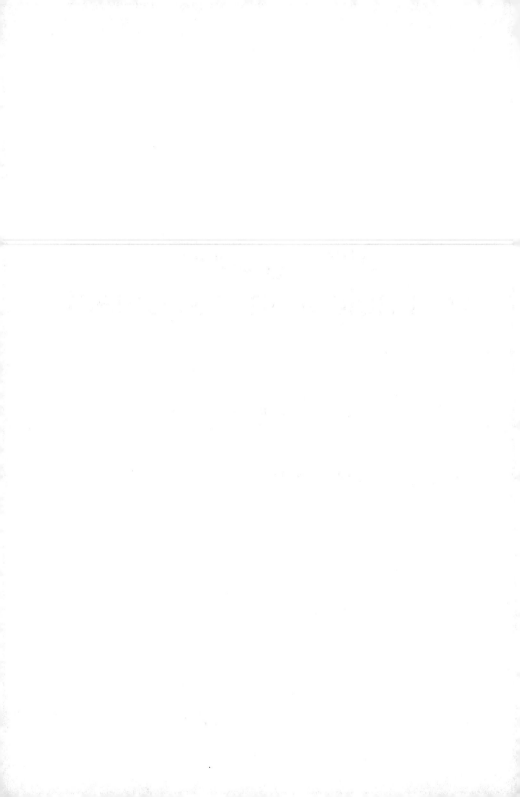

Management Summary

Um dem schnellen Wandel in der technologischen Umwelt gerecht zu werden, bedarf es eines Prozesses, der eine Entscheidung über die Nutzung oder Entwicklung von Technologien herbeiführt. Der sogenannte Technologiemanagementprozess sorgt für den Aufbau von Kernkompetenzen und Wettbewerbsvorteilen, vereinfacht und verbessert die interne Zusammenarbeit durch die Nutzung neuer Technologien in Unternehmen und schafft Kostenvorteile durch die Verbesserung interner Prozesse. Durch seine Anwendung ließ sich feststellen, dass eine erfolgreiche Technologiestrategie für das Groupwaresystem BSCW (Basic Support for Cooperative Working) an der FH-Frankfurt entwickelt wurde, die Fachhochschule allerdings in anderen Bereichen wie dem Web 2.0 noch keine Strategie für dessen Nutzung entwickelt hat.

Inhaltsverzeichnis

Abkürzungsverzeichnis

Abkürzung	Beschreibung
BSCW	Basic Support for Cooperative Working
F&E	Forschung und Entwicklung
WWW	World Wide Web

Abbildungsverzeichnis

1 Einführung

Die Geschwindigkeit mit der technologischer Wandel stattfindet, hat in den letzten 50 Jahren exponentiell zugenommen (Feldmann, C. (2007), S.1). Als Beispiel hierfür dient die Nutzung von Computern bei der Bearbeitung betriebswirtschaftlicher Aufgaben. Technologische Veränderungen treten hierbei zunehmend abrupt auf und besitzen einen revolutionären Charakter (Feldmann, C. (2007), S.1f). So die New Economy zu Beginn der 90er Jahre, die zahlreiche neue Geschäftsmodelle hervorbrachte und auf grundlegenden Innovationen im Bereich von IT-Technologien basierte (Deinlein, J. (2003), S.2). Sie ist ebenfalls ein Beispiel für eine zunehmende Dynamisierung von technologischen Innovationen, die zu drastisch verkürzten Marktzyklen führt (Friedli, T. (2006), S.6; Feldmann, C. (2007), S.2). Hieraus ergibt sich ein Bedarf an flexiblen Unternehmen, die in der Lage sind sich an den technologischen Wandel anzupassen. Das 1994 gegründete Einzelhandelsunternehmen Amazon schaffte es durch ständige Innovationen wie das Anbieten des Beschaffungs- und Zahlungssystems an externe Unternehmen oder das Anzeigen ähnlicher Artikel, anhand von Einkäufen anderer Nutzer, die New Economy Krise erfolgreich zu überstehen. So gelang es Amazon 2004 den Umsatz zu verdoppeln und zum größten Internethändler weltweit aufzusteigen. (Kenneth, C. et. al (2009), S.131) Zusätzlich verstärkt wird der Innovationsdruck durch die Globalisierung. Durch sie verringert sich die Zeit, die Innovationen benötigen um bekannt und wirksam zu werden. (Feldmann, C. (2007), S.2)

Vor diesem Hintergrund stehen nicht nur Unternehmen, sondern auch die Fachhochschule Frankfurt am Main vor der Herausforderung eines erfolgreichen Managements von Technologien, das eine Vielzahl von Chancen bietet und Wettbewerbsvorteile ermöglicht. In vielen Branchen ist das strategische Technologiemanagement bereits ein dominierender Treiber der Unternehmensstrategie geworden. Es beschränkt sich hierbei allerdings nicht auf die Bereich der Technologieerstellung oder –beschaffung. Vielmehr muss die Sicherung, Verwendung und Verwertung von Technologien in den Mittelpunkt strategischer Entscheidungen stehen, um die Wettbewerbsfähigkeit aufrecht zu erhalten. (Feldmann, C. (2007), S.2) Diese Arbeit stellt ein Entscheidungsmodell vor, mit dem strategisches Technologiemanagement erfolgreich umgesetzt werden kann und wendet dieses in einem Praxisbeispiel in Kapitel 6 auf die Fachhochschule Frankfurt an. Zu Beginn findet zunächst eine Klärung der Grundbegriffe des Technologiemanagements statt, welches im Folgenden ebenfalls erläutert wird.

2 Grundbegriffe des Technologiemanagements

In diesem Kapitel werden die Grundbegriffe des Technologiemanagements erläutert um Klarheit in der Begriffswelt zu schaffen. Hierbei wird explizit auf die Bedeutung der Begriffe Technologie und Innovation eingegangen.

2.1 Definition Technologie

Technologie wird im Rahmen dieser Arbeit als die Wissenschaft von der Technik definiert, die Wissen über naturwissenschaftliche und technische Wirkungszusammenhänge beinhaltet. Basierend auf einer Theorie, führt Technologie zur Anwendung von Technik (siehe Abbildung 1), die zur Herstellung von Produkten oder der Anwendung von Verfahren benutzt wird. (Wolfrum (1991), S.4, (zit. nach Braunschmidt (2004), S.17); Feldmann, C. (2007), S. 15f; (Bea, F.X. et. al (2005), S.544) Technik ist somit die konkrete materielle Anwendung von Technologien, welche eine zum Handeln führende Wissenschaft ist und Handlungsmöglichkeiten, basierend auf theoretischem Wissen, bietet (Huning (1978), S.585 ff., (zit. nach Braunschmidt (2004), S.18; Bea, F.X. et. al (2005), S.544). Dies impliziert die Möglichkeit der Umsetzung von Technologien in unternehmerische Aktivitäten. So können Veröffentlichungen von Technologien strategische Entscheidungen zur Folge haben. Hier ist das Beispiel von Amazon zu nennen, das sich infolge grundlegender IT-Innovationen dazu entschied den Verkauf von Büchern über das Internet zu starten (siehe Kapitel 1).

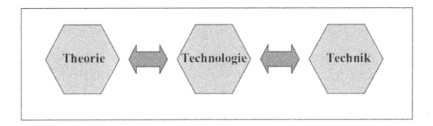

Abbildung 1 - Theorie, Technologie, Technik[1]

---

[1] Feldmann, C. (2007), S. 16.

2.2 Definition Innovation

Unter dem Begriff der Innovation wird die erstmalige Durchsetzung und kommerzielle An-wendung einer Neuerung verstanden (Seeger, H. (1997), S.15; Zitat Schumpeter, J. (1911)). Die Neuheit einer Innovation bemisst sich nicht daran, ob sie für ein einzelnes Objekt neu ist. Eine Neuheit ist aus der Perspektive der relevante Umwelt einer Branche, also Konkurrenz und Kunden, zu sehen. (Dietz, (1988), S.46 (zit. nach Seeger, H. (1997), S.15)). Unter einer Innovation wird neben der Neuentwicklung einer Lösung oder der Adaption aus einem ande-ren Bereich auch eine Weiterentwicklung einer bereits existierenden Lösung verstanden. (Titelnot, C. et. al (1999), S.2; Bea, F.X. (2005), S.544)

Technologische Innovationen[2] erhöhen das von Kunden wahrgenommene Leistungsniveau von Produkten und Dienstleistungen. Hierdurch sorgen sie für eine Differenzierung von Wettbewerbern (Zahn, (1995), S.362 (zit. nach Feldmann, C. (2007), S. 23)). Eine Unterteil-ung von technologischen Innovationen lässt sich in die Bereiche Produktinnovation sowie Verfahrens- und Prozessinnovationen vornehmen. Produktinnovationen werden als eine Er-neuerung der Marktleistung verstanden, Verfahrens- und Prozessinnovationen eine verbesser-te Faktorkombination im Prozess der Produktion. (Feldmann, C. (2007), S.24) Demnach wür-de die Einführung eines neuen Studiengangs an der FH-Frankfurt eine Produktinnovation und das Vereinfachen des Anmeldeverfahrens eine Verfahrens- und Prozessinnovation darstellen.

---

[2] In der Literatur findet eine synonyme Verwendung der Begriffe technische und technologische Innovation statt (Feldmann, C. (2007), S. 23).

3 Management von Innovation und Technologie

Nach der Klärung der Grundbegriffe behandelt dieses Kapitel das Management von Innovationen und Technologien. Hierzu sind zunächst die Aufgaben des Managements zu klären. Das Management hat die Aufgabe der Gestaltung, Lenkung und Entwicklung eines Unternehmens und soll Ziele und Aktivitäten festlegen, die zu einen unternehmerischen Erfolg führen (Perl, E. (2007), S.23). In diesem Zusammenhang ist das Management von Innovationen und Technologien von besonderer Wichtigkeit. Da hierdurch der zukünftigen Erfolg gesichert und die Anpassung an eine dynamische Umwelt ermöglicht wird.

3.1 Innovationsmanagement

Der Begriff Innovationsmanagement beinhaltet die gezielte Planung, Umsetzung und Kontrolle des Innovationsprozesses, der Geschäftsideen zum Markterfolg führt (Titelnot, C. (1999), S.2; Perl, E. (2007), S.24). Hierbei findet eine Planung, Umsetzung und Kontrolle aller wertschöpfenden Aktivitäten von der Grundlagenforschung bis hin zur Veröffentlichung statt. Zu diesen Aktivitäten zählt nicht nur das F&E (Forschung und Entwicklung) Management, sondern auch unterstützende Aktivitäten wie Organisation, Personalmanagement oder Finanzierung. (Perl, E. (2007), S.24)

3.2 Strategisches Technologiemanagement

Technologiemanagement gilt als die Gesamtheit aller Führungsaufgaben, die zur Erhaltung und Verbesserung der Wettbewerbsfähigkeit im Technologiebereich beitragen. Die Aufgabe des strategischen Technologiemanagement ist eine Anpassung an veränderte technische Anforderungen der Umwelt zu ermöglichen, oder durch eigene Innovationen die Umwelt zu gestalten. (Bea, F.X. et. al (2005), S.545) Hierzu ist es, neben der Bereitstellung, Verwendung und Speicherung von Wissen (Perl, E. (2007), S.25), erforderlich Strategien für die Nutzung und Entwicklung von Technologien zu entwerfen. Diese Strategien sollten im Einklang mit der Unternehmensstrategie getroffen werden, um eine Nutzung und Entwicklung von Technologien zu gewährleisten, die konform mit den Zielen eines Unternehmens sind.

Die strategische Bedeutung von Technologien soll im Folgenden deutlich gemacht werden.

- Wettbewerbsposition: Durch die Erforschung und Entwicklung neuer Technologien lassen sich Wettbewerbsvorteile erzielen. Diese entstehen dadurch, dass Wettbewerber

auf eine Innovation, die ein Unternehmen hervorgebracht hat, zunächst reagieren muss. Erfolgt diese Reaktion zu spät entstehen langfristige Wettbewerbsvorteile. Technologien werden zunehmend zu Kernkompetenzen in Unternehmen, die sich nicht nur in Produkten, sondern vor allem in Verfahren und Prozessen, die zur Herstellung der Produkte notwendig sind, wiederspiegeln. (Bea, F.X. et. al (2005), S.546)

- Interne Organisation: Technologie ist auch für die Gestaltung der internen Organisation und Strukturen relevant. Bei der Betrachtung der zunehmenden Dezentralisierung von Arbeitsplätzen, durch die Nutzung von Informationstechnologie, lässt sich ein Zusammenhang zwischen Technologie und Organisationsstruktur erkennen. (Bea, F.X. et. al (2005), S.546)

- Informations- und Kommunikationstechnologie: Dieser Faktor ist über alle Branchen hinweg von zentraler Bedeutung und veränderte nachhaltig die Arbeitsweise und Organisation. (Bea, F.X. et. al (2005), S.547)

- Veränderung von Geschäftsbereichen: Durch Technologien werden neue Geschäftsbereiche gegründet oder vorhandene Geschäftsbereiche verändert. Als Beispiel ist die Diversifizierung von Daimler-Benz zum Technologie- und Mobilitätskonzern zu nennen. Hierbei spielten vor allem die Weiterentwicklung im Technologiesektor und das Zusammenwachsen von Mobilitäts- und Transportkonzernen eine entscheidende Rolle. (Bea, F.X. et. al (2005), S.547)

Im folgenden Kapitel wird ein Prozess vorgestellt, der zur Erstellung von Technologiestrategien verwendet werden kann.

4 Technologiemanagementprozess

Wie in Abbildung 2 zu sehen, besteht der Technologiemanagementprozess aus drei aufeinander aufbauenden Schritten und einem ständig überwachenden Schritt, dem Technologiecontrolling. Im ersten Schritt, der Technologieaufklärung, findet eine Analyse und Bewertung der technologischen Umwelt und der eigenen technologischen Leistungsfähigkeit statt (Mieke, C. (2006), S.10). Hierdurch ist die Aufdeckung von technologischen Stärken und Schwächen sowie Erfolgspotentialen und Risiken realisierbar. Basierend auf diesen Informationen erfolgt die Erarbeitung von Technologiestrategien (siehe Kapitel 4). Durch sie sollen Vorteile gegenüber der Konkurrenz in strategisch wichtigen Technologiebereichen, Kernkompetenzen, aufgebaut werden. (Mieke, C. (2006), S.12) Nachdem eine Strategie entwickelt wurde, wird mit der Umsetzung der Strategie begonnen. Hierzu sind Aktivitäten zur Beschaffung und Verwertung von Technologien zu steuern. Dies geschieht mit Hilfe von Verfahren des Projektmanagement, wie bspw. der Meilensteintrendanalyse. (Mieke, C. (2006), S.16) Das Technologiecontrolling überwacht den gesamten Technologiemanagementprozess in Hinblick auf dessen Effektivität und Effizienz. Hierbei wird das Management mit Informationen über den Status des Prozesses versorgt, wodurch frühzeitig Fehlentwicklungen erkannt und Gegenmaßnahmen ergriffen werden können. (Mieke, C. (2006), S.18)

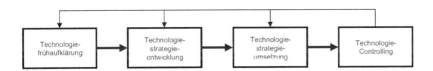

Abbildung 2 - Technologiemanagementprozess[3]

Ein erfolgreiches Technologiemanagement erfordert eine misserfolgstolerante und Freiräume bietende Kultur. Die hierdurch entstehenden Lerneffekte, Kreativität und abteilungsübergreifende Zusammenarbeit, fördern ein erfolgreiches Technologiemanagement. Zusätzlich förderlich erweisen sich Investitionsbereitschaft in neue Technologien sowie die Integration potentieller Technologienutzer in den Innovationsprozess. (Mieke, C. (2006), S.21)

---

[3] (Mieke, C. (2006), S.11).

Im folgenden Kapitel wird näher auf den Schritt der erfolgreichen Technologiestrategieentwicklung eingegangen, um diesen im anschließenden Kapitel 6 auf ein Praxisbeispiel an der FH-Frankfurt anzuwenden.

5 Technologiestrategieentwicklung

Die Entwicklung von Technologiestrategien ist, der in Kapitel 4 beschriebene, zweite Schritt des Technologiemanagementprozesses. Bei der Entwicklung von Technologiestrategien sind folgende drei Punkte zu berücksichtigen (Bea, F.X. et. al (2005), S.547).

1. Die Wahl von Technologiefeldern auf denen ein strategisches Engagement erfolgen soll.

2. Der Zeitpunkt zu dem der technologische Wandel durchgeführt werden soll.

3. Der Grad der Eigenständigkeit bei der Entwicklung und Nutzung einer Technologie.

Diese Punkte werden im Laufe dieses Kapitel detailiert dargestellt.

5.1 Wahl des Technologiefeldes

Bei der Wahl des Technologiefeldes ist zum einen die Technologieattraktivität, das Markt- und Zukunftspotential vorhandener sowie der Bedarf an neuen Technologien, zu prognostizieren. Zum anderen ist die Stärke der eigenen Technologieressourcen im Vergleich zur Konkurrenz einzuschätzen. (Bea, F.X. et. al (2005), S.548) Diese beiden Parameter werden zur Entscheidungsfindung beim Technologiemanagement im Pfeifersche Technologie-Portfolio, eine zweidimensionalen 9-Felder-Matrix, abgebildet. Wie in Abbildung 3 zu sehen, wird zwischen Produkt- und Verfahrenstechnologie unterschieden (siehe Kapitel 2.2). Anhand ihres Potentials und des im Unternehmen verfügbaren Know-Hows können Technologien in der Matrix, anhand von Einschätzungen, wie bei Markt-Portfolio-Methoden üblich (Bea, F.X. et. al (2005), S.159), eingetragen werden. Als Ergebnis liefert das Technologie-Portfolio Handlungsempfehlungen für die Wahl von Investitionsentscheidungen. Diese teilen sich in drei Bereiche, die Investitionsstrategie, die Desinvestitionsstrategie und die selektive Strategie. Die abgebildeten Technologien werden über einen wesentlich längeren Zeitraum erfasst als in anderen Portfolios (Bea, F.X. et. al (2005), S.159). Dies ermöglicht einen Vergleich zwischen neuen und alten, etablierten Technologien, wodurch eine Erkennung von Alternativen für vorhandene Technologien erreichbar ist. Problematisch ist, dass eine Einordnung von Technologien in der Matrix auf Prognosen beruht und somit ein hohes Maß an Unsicherheit mit sich bringt (Bea, F.X. et. al (2005), S.548).

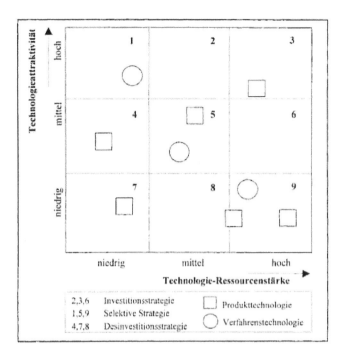

Abbildung 3 - Technologie-Portfolio[4]

5.2 Wahl des Zeitpunkts

Die Wahl des Zeitpunkts zur Entwicklung oder Einführung einer Technologie hängt von dessen Technologiestrategietyp ab. Technologiestrategietypen unterscheiden sich anhand von fünf Faktoren. Hiervon werden zwei im Folgenden näher betrachtet. (Hommers, R. (2007), S.21f).

- Liegt der Schwerpunkt von F&E Aktivitäten eher in der Forschung oder in der Entwicklung.

- Distanz der angewandten Technologie zum aktuellen Stand der Technik.

Aus den fünf Parametern erstellte Ansoff vier Strategietypen, die den Zeitpunkt des Markteintritts beschreiben. (Hommers, R. (2007), S.22).

---

[4] Bea, F.X. et. al (2005), S.160.

1. First to market:

   - Hohe Forschungsintensität und Investitionen.

   - Geringe Distanz zum Stand der Technik.

   - Innovation als Erster auf den Markt bringen.

2. Follow the leader:

   - Intensive Entwicklungsarbeit.

   - Größere Distanz zum Stand der Technik als bei first to market.

   - Konkurrenz baut Markt. Andere Unternehmen folgen (Disselkamp, M. (2005), S.63).

3. Application Engineering:

   - Starke Entwicklungsarbeit.

   - Distanz zum Stand der Technik ergibt sich aus Kundenanforderungen.

   - Aufgreifen bereits vorhandener Innovationen, um diese zu verfeinern (Disselkamp, M. (2005), S.63).

4. Me-too

   - Imitation.

   - Keine Distanz zum Stand der Technik.

   - Keine Forschung und Entwicklung (Disselkamp, M. (2005), S.63).

Wählt ein Unternehmen die Strategie first to market oder follow the leader für eine Innovation, hat sie einen kurzen und intensiven F&E-Zeitraum. Die Wahl des Zeitpunkts ist dementsprechend ebenfalls kurz nach der Strategieentscheidung oder des Markteintritts der Konkurrenzinnovation. Fällt die Entscheidung auf eine der beiden anderen Strategien, erstreckt sich der F&E-Zeitraum über längere Zeit bzw. fällt zum Teil weg. Beim Application Engineering kann der Zeitpunkt zwischen der erstmaligen Erscheinung einer Innovation und dessen Verfeinerung zum Teil sehr groß sein, da andere Einsatzmöglichkeiten erst spät er-

kannt werden, oder eine Veränderung aufgrund von Trends notwendig ist. Als Bespiel ist hier die Entwicklung der neuen Coca Cola Sorten, Zero und Light zu nennen, die aufgrund von Trends zur gesunden Ernährung entstanden.

5.3 Grad der Eigenständigkeit

Der Grad der Eigenständigkeit beschreibt, wie stark die Entwicklung und Nutzung von Technologieinnovationen in Zusammenarbeit mit Partnern oder in Eigenproduktion erfolgt. Die Notwendigkeit der Zusammenarbeit besteht durch zunehmende Entwicklungszeiten, steigende Entwicklungskosten und sinkende Produktlebensdauer (Bea, F.X. et. al (2005), S.551). Zum erfolgreichen Gelingen einer Kooperation sind folgende Voraussetzungen zu beachten.

- Harmonisierende Strategien: Die Strategien der Partner müssen zueinander passen und das gleiche Ziel verfolgen. (Beckmann, H. (2004), S.90)

- Transparenz: Partner müssen über den Entwicklungsstand und –prozess der Partner informiert werden sowie über die Vorteile, die eine Kooperation mit sich bringt. Hierzu müssen Partner zumeist ihr Wissen offenlegen und Ressourcen miteinander teilen. (Beckmann, H. (2004), S.90)

Als Beispiele für Kooperationen ist das Airbus-Konsortium zu nennen. Das aus vielen Unternehmen bestehende Konsortium entwickelte gemeinsam für über 10 Milliarden Euro das Flugzeug Airbus A380. Im Anschluss an die Entwicklung schlossen sich die Partner in Form einer AG zu einem europäischen Luft- und Raumfahrtunternehmen zusammen, um in Zukunft weitere Entwicklungsvorhaben dieser Größe zu realisieren. (Bea, F.X. et. al (2005), S.551)

6 Praxisbezug FH-Frankfurt am Main

Durch Technologieinnovationen kann eine Veränderung der internen Organisation entstehen (siehe Kapitel 3.2). Dieses Kapitel führt eine Analyse der internen Organisation an der FH-Frankfurt durch. Hierbei wird ein Fokus auf die Veränderung der Zusammenarbeit unter Studenten sowie zwischen Studenten und Lehrenden gelegt. Um diese Veränderung deutlich zu machen, wird zunächst die Zusammenarbeit in den Jahren 1982 bis 1986 beschrieben, um anschließend die momentane Zusammenarbeit, mit Hilfe des Einsatzes der Groupwaretechnologie BSCW darzustellen. Darauf aufbauend wird der zweiten Schritt des Technologiemanagementprozesses, die Strategieentwicklung, angewandt und nachgewiesen, dass die Einführung des BSCW auf einer erfolgreichen Technologiestrategie basiert.

6.1 Zusammenarbeit in den Jahren 1982-1986

In den Jahren von 1982 bis 1986 bestand noch keine Möglichkeit der Zusammenarbeit über das Internet, welches erst Anfang der 90er Jahre des 20. Jahrhunderts zur kommerziellen Nutzung freigegeben wurde. Auch das WWW (World Wide Web) – Protokoll, existierte zu diesem Zeitpunkt noch nicht. (Heinemann, G. (2009), S.1) So wurden Skripte entweder in Papierform ausgeteilt, oder von den Studenten handschriftlich während der Vorlesungen erstellt. (siehe Anhang 1) Dies machte vor allem die Verteilung und Weitergabe von Vorlesungsunterlagen schwierig. Studenten die nicht anwesend waren, erhielten zunächst keine Informationen und Vorlesungsunterlagen. Zusätzlich bedeutete das Kopieren einen Arbeitsaufwand für den Lehrenden und verursachte Kosten an der Hochschule. Auch die Besprechung von Hausarbeiten gestaltete sich aufwendig. Wenn Studenten Fragen hatten, konnten Sie sich im Anschluss an die Vorlesung oder während der Sprechstunden an die Lehrenden wenden. (siehe Anhang 1) Eine Frage per E-Mail zu stellen war aufgrund der noch nicht kommerziellen Nutzung des Internets nicht möglich. So konnte es vorkommen, dass Studenten während ihrer Projektarbeiten in ihrer Arbeit blockiert wurden, da sie aufgrund einer zu klärenden Frage nicht mehr weiterarbeiten konnten.

Die Zusammenarbeit unter den Studenten bei Projektarbeiten gestaltet sich ebenfalls schwierig. So waren ständige Gruppentreffen nötig, um Projektarbeiten zu koordinieren und den aktuellen Stand zu besprechen. Eine Korrektur der Teile der anderen Gruppenmitglieder war nur möglich, wenn diese ihren Teil in Papierform an die anderen Gruppenmitglieder überga-

ben. (siehe Anhang 1) Dies erhöhte den Koordinationsaufwand enorm und sorgte für Zeitver-
zögerungen in der Projektarbeit. Korrekturvorschläge konnten nur durch das handschriftliche
Korrigieren des ausgedruckten Textes anderer Gruppenmitglieder mitgeteilt werden. Ein Austausch von Korrekturvorschlägen war ebenfalls nur möglich, wenn sich die Gruppenmitglieder trafen.

6.2 Zusammenarbeit in den Jahren 2005 bis 2010

Im Vergleich zur Zusammenarbeit in den Jahren 1982 bis 1986 erleichterte sich die Zusammenarbeit in den Jahren 2005 bis 2010, in denen der Autor die Fachhochschule Frankfurt be-
suchte, enorm. Durch die kommerzielle Nutzung des Internets und die schnelle Verbreitung
von Breitbandverbindungen, war es möglich Informationen und Dokumente unter Studenten,
als auch zwischen Studenten und Lehrenden elektronisch auszutauschen. Fragen konnten nun
elektronisch per E-Mail oder durch Diskussionen im BSCW an Lehrende gestellt werden.
Studenten konnten ihre Projektarbeiten elektronisch koordinieren und korrigieren. Dies ver-
ringerte den Koordinationsaufwand bei Projektarbeiten und erleichterte die Verteilung von
Vorlesungsunterlagen.

Hervorzuheben sind hierbei zwei Technologien. Zum einen das WWW-Protokoll, über welches die Internetseite der Fachhochschule Frankfurt angeboten wird und zum anderen die
Groupwaretechnologie BSCW. Die Internetseite der Fachhochschule Frankfurt dient als In-
formationsquelle für Studenten und erlaubt es Lehrenden über ein CMS (Content Management System) Vorlesungsskripte und Unterlagen zur Verfügung zu stellen. Das BSCW System ermöglicht die effiziente, elektronische Zusammenarbeit und hilft beim internen und externen Austausch und der Bearbeitung von Dokumenten, Terminen, Kontakten, Aufgaben und
Notizen, sowie beim Führen von Diskussionen.[5] Das System lässt sich über einen Browser
bedienen und ermöglicht Studenten somit den Zugriff auf Daten und Informationen von einem beliebigen Ort, an dem eine Internetverbindung zur Verfügung steht. Über die Funktio-
nalität des Dokumentmanagementsystems kann es zur Projektverwaltung und zum Wissens-
management genutzt werden. Das als explizite Kontrolle und Verwaltung von Wissen inner-
halb einer Organisation, mit dem Ziel Unternehmensziele zu erreichen (Bodrow, A., Berg-
mann, C. (2003), S.43), gesehen werden kann.

---

[5] Quelle: http://www.bscw.de/ Zugriff am: 15.05.2010.

6.3 Technologiemanagement an der FH-Frankfurt

Das strategische Technologiemanagement hat die Aufgabe Strategien zu entwickeln, die eine erfolgreiche Nutzung von Technologien ermöglichen. Hierzu ist eine Harmonisierung mit der Unternehmensstrategie notwendig, um die Nutzung von Technologien an den Zielen einer Unternehmung auszurichten (siehe Kapitel 3.2). Bezogen auf die FH-Frankfurt ergibt sich hieraus, dass technologische Strategien im Einklang mit dem Leitbild der Fachhochschule stehen müssen, welches als Strategie der Fachhochschule angesehen werden kann. Dieses besagt, dass Studierende in den Mittelpunkt der Arbeit gerückt werden. Die Nutzung von Technologien, die den Studenten die Zusammenarbeit und Beschaffung von Informationen und Vorlesungsunterlagen erleichtert, entspricht somit der im Leitbild enthaltenen Studentenorientierung. Im Folgenden soll nun die Erstellung einer Technologiestrategie für die Nutzung des BSCW beschrieben werden.

6.3.1 Technologiestrategieentwicklung für das BSCW

Die Überprüfung der Entwicklung einer Technologiestrategie erfordert die drei Schritte der Technologiestrategieentwicklung, Wahl des Technologiefeldes, Wahl des Zeitpunkts und Grad der Eigenständigkeit auf die Einführung des BSCW im Jahr 2003 (siehe Anhang 2) anzuwenden. Da die Wahl des Technologiefeldes bereits getroffen wurde, findet eine ex-post Prüfung der Investition in das BSCW statt. Hierbei wird davon ausgegangen, dass mit der Webseite der FH-Frankfurt sowie der Infrastruktur zur dessen Betreibung bereits grundlegende Technologieressourcen vorhanden waren.

Wahl des Technologiefeldes

Um eine Entscheidung darüber zu treffen, ob die Investition in das BSCW gerechtfertigt war, wird es in das Technologieportfolio eingetragen, welches die Technologieattraktivität sowie die eigenen Technologieressourcen in einer Matrix darstellt (siehe Kapitel 5.1). Mit der Einführung des BSCW möchte die FH-Frankfurt ihren Markt, Studenten, befriedigen. Für Studenten erleichtert sich durch das BSCW die Zusammenarbeit sowie das Aufrufen von Informationen. Es bietet somit einen hohen Mehrwert für die Studenten. Das Marktpotential wird folglich als hoch eingestuft. Da die FH bereits über eine grundlegende Infrastruktur verfügt, werden die eigenen Ressourcen als „mittel" eingestuft. In Abbildung 4 ist zu sehen, dass das BSCW in Quadrant zwei der Technologiematrix liegt und somit eine Investition gerechtfertigt war.

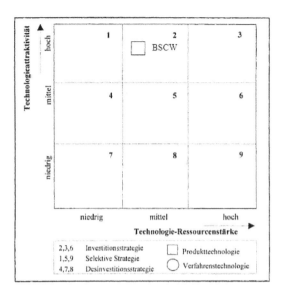

20

Abbildung 4 - Technologie-Matrix BSCW[6]

Wahl des Zeitpunkts

Die Wahl des Zeitpunkts legt fest, wann die BSCW-Technologie eingeführt werden soll. Das BSCW lässt sich in die von Ansoff entwickelten vier Strategietypen (siehe Kapitel 5.2) als „Me-too" einordnen. Es wurde bereits Mitte der 90er Jahre vom Frauenhofer Institut entwickelt[7]. Zwischen der Verwendung an der FH-Frankfurt und dessen erstmaligem Markteintritt liegen somit ca. 10 Jahre. Zusätzlich hatte die FH-Frankfurt keinen Forschungs- und Entwicklungsaufwand, sondern setzte die Lösung lediglich für ihre Zwecke ein. Es ist somit auch keine Distanz zum Stand der Technik vorhanden. Die Einführung im Jahre 2003 ist, bei der Betrachtung der Anzahl der Studenten, die über keinen Internetzugang verfügen, mindestens ein Jahr zu spät durchgeführt worden. Dieser Prozentsatz bewegte sich 2002 bis 2004 nahezu gleichbleibend bei 20% und fiel erst bis 2008 auf ca. 14%.[8] Unter dieser Betrachtung erscheint eine Einführung des BSCW im Jahre 2003 als mindestens ein Jahr zu spät und hätte

---

[6] Nach: Bea, F.X. et. al (2005), S.160.
[7] Quelle: http://public.bscw.de/en/about.html Zugriff am: 16.05.2010.

bereits 2002 durchgeführt werden können. Zudem nutzen andere Hochschulen das BSCW System schon länger (siehe Anhang 2).

Grad der Eigenständigkeit

Da das BSCW Standardsoftware ist und kein Forschungs- und Entwicklungsaufwand notwendig war, um das System für die Zwecke der FH-Frankfurt nutzbar zu machen, beträgt der Grad der Eigenständigkeit 100 Prozent. Zusätzlich stehen alle Server, die zum Betrieb des BSCW notwendig sind in der Abteilung Datenverarbeitung an der FH-Frankfurt. (siehe Anhang 2) Es sind somit nur FH interne Mitarbeiter mit der Betreibung des Systems beschäftigt.

6.4 Versäumnisse beim Strategiemanagementprozess

Obwohl die Technologiestrategieentwicklung für das BSCW-System ein Erfolg war, hat die FH-Frankfurt in anderen Bereichen Nachholbedarf im Strategiemanagementprozess. So konnte der Autor bspw. keine Nutzung des Web 2.0 durch die Fachhochschule feststellen. Der Begriff Web 2.0 wurde 2004 von Tim O'Reilly definiert[9] und steht für einen Paradigmenwechsel in der Nutzung des Internets. Der Nutzer ist nun der Lage Inhalte aktiv mitzugestalten. Dies macht das Internet zu einem aktiven „Mitmachmedium". (Hass, B et. al. (2008), S.4) Eine Nutzung von Web 2.0 Technologien wie Blogs oder Foren würde es der FH-Frankfurt ermöglichen einen Austausch zwischen Studenten und potenziellen Studenten einzuführen. Hierbei könnten diese sich direkt bei Studenten des Studiengangs informieren, für den sie sich interessieren.

Eine weitere relevante Technologieinnovation, welche die Lehre an der FH-Frankfurt verbessern würde, ist der Einsatz von Webvideos zur Übertragung von Vorlesungen. Dies würde es Studenten die weit entfernt von der Fachhochschule leben helfen Vorlesungen zu verfolgen und Ihnen durch eine Verringerung der Fahrtzeiten mehr Zeit zum Studieren einräumen. Dies würde auch dem Leitbild der FH-Frankfurt genügen.

---

[8] Quelle: http://www.ard.de/intern/presseservice/-/id=844390/property=download/nid=8058/18omvt6/PDF1.pdf, Zugriff am: 18.05.2010.
[9] Quelle: http://oreilly.com/web2/archive/what-is-web-20.html, Zugriff am 16.05.2010.

22

7 Schlussfolgerung

Um in einer Welt der Globalisierung und des schnellen technologischen Wandels bestehen zu können, ist ein strategisches Technologiemanagement, welches eng mit der Strategie des Unternehmens verbunden ist, von großer Relevanz. Es ermöglicht neben der Sicherung von Wettbewerbsvorteilen, eine Vereinfachung und Verbesserung der internen Zusammenarbeit, schafft Kostenvorteile durch die Verbesserung interner Prozesse und sorgt für den Aufbau von Kernkompetenzen. Bei der Planung und Durchführung von Technologiestrategien hilft der Strategiemanagementprozess zunächst vielversprechende Technologien zu identifizieren und anschließend Technologiestrategien zu planen, umzusetzen und zu überwachen. Bei der Erstellung von Strategien kommt es insbesondere darauf an, die Wahl des Technologiefeldes, die Wahl des Zeitpunkts und den Grad der Eigenständigkeit zu bestimmen.

Die FH-Frankfurt liefert mit dem BSCW ein Beispiel für erfolgreiches strategisches Technologiemanagement. Allerdings hätte das BSCW, bei Betrachtung der Offlinerzahlen unter Studenten, bereits ein Jahr früher eingeführt werden können. Zusätzlich weist die FH-Frankfurt in anderen Technologiebereichen starke Defizite auf. So konnte der Autor keine Verwendung von Web 2.0 Technologien und Webvideos zur Übertragung von Vorlesung, an der FH-Frankfurt feststellen. Für die FH-Frankfurt gilt es auch in der Zukunft neue Technologien zu beobachten und für diese, bei einer Übereinstimmung mit den Leitlinien, eine Strategie zu entwickeln.

23

Literaturverzeichnis

Bea, F. H. (2005). *Strategisches Management* (4. Ausg.). Stuttgart: Lucius Verlag.

Beckmann, H. (2004). *Supply Chain Management. Strategien und Entwicklungstendenzen in Spitzenunternehmen* (1. Ausg.). Heidelberg: Springer Verlag.

Bodrow, A. B. (2003). *Wissensbewertung in Unternehmen. Bilanzieren von intellektuellem Kapital* (1. Ausg.). Berlin: Erich Schmidt Verlag.

Braunschmidt, I. (2005). *Technologieinduzierte Innovationen. Wege des innerbetrieblichen Technologie-Transfer in innovative Anwendungen* (1. Auflage ed.). Wiesbaden: Deutscher Universitäts-Verlag.

Deinlein, D. (2003). *Tragfähigkeit von Geschäftsmodellen der New Economy. Das Beispiel elektronischer B-to-B Märkte* (1. Auflage Ausg.). Wiesbaden: Deutsche Universitäts-Verlag.

Dietz, J.-W. (1988). *Gründung innovativer Unternehmen* (1. Auflage ed.). Wiesbaden: Gabler Verlag.

Disselkamp, M. (2005). *Innovationsmanagement. Instrumente und Methoden zur Umsetzung in Unternehmen* (1. Ausg.). Wiesbaden: Springer Verlag.

Feldmann, C. (2007). *Strategisches Technologiemanagement* (1. Auflage Ausg.). Wiesbaden: Deutscher Universitäts-Verlag.

Friedli, T. (2006). *Technologiemanagement. Modelle zur Sicherung der Wettbewerbsfähigkeit* (1. Auflage Ausg.). Heidelberg: Springer.

Hass, B. G. (2008). *Web 2.0. Neue Perspektiven für Marketing und Medien* (1. ed.). Heidelberg: Springer Verlag.

Heinemann, G. (2009). *Der neue Online-Handel. Erfolgsfaktoren und Best Practices* (1. Ausg.). Wiesbaden: Gabler Verlag.

Hommers, R. (2007). *Die treibende Kraft: Neue Technologien* (1. Ausg.). Norderstedt: Grin Verlag.

Kenneth, C. L. (2009). *Wirtschaftsinformatik: Eine Einführung*. München: Pearson Education.

24

Mieke, C. (2006). *Technologiefrühaufklärung in Netzwerken* (1. ed.). (D. Specht, Ed.) Wiesbaden: Deutscher Universitäts-Verlag.

Perl, E. (2007). Grundlagen des Innovations und Technologiemanagements. In H. Strebel (Hrsg.), *Innovations- und Technologiemanagement* (2. Ausg., S. 17-51). Wien: Facultas Verlags- und Buchhandels AG.

Seeger, H. (1997). *Ex-Post-Bewertung der Technologie- und Gründerzentren durch die erfolgreiche ausgezogenen Unternehmen und Analyse der einzel- und regionalwirtschaftlichen Effekte* (1. Auflage ed.). Münster: LIT Verlag.

Titelnot, C. M. (1999). *Innovationsmanagement* (1. Auflage ed.). (I. Steinmeier, Ed.) Heidelberg: Springer Verlag.

Wolfrum, B. (1991). *Strategisches Technologiemanagement* (1. Auflage ed.). Wiesbaden.

Zahn, E. W. (1995). Integriertes Innovationsmanagement. In E. Zahn (Ed.), *Handbuch Technologiemanagement* (pp. 351-376). Stuttgart: Schäffer-Poeschel Verlag.

25

Anhang

Anhang 1 Interviewleitfaden Zusammenarbeit an der FH-Frankfurt 1982-1986

Interview wurde geführt mit:

Herrn Hans Buchberger

Diplom Ingenieur (Verfahrenstechnik)

16.05.2010

Einleitung: Im Folgenden sind Fragen zu finden, die Hans Buchberger, Student der Verfahrenstechnik, an der FH-Frankfurt von 1982-1986 gestellt wurden, um die Zusammenarbeit von Studenten mit Lehrenden und Studenten untereinander zu untersuchen.

Frage 1: Wie wurden Vorlesungsunterlagen von Lehrenden unter Studenten verteilt?

Die Verteilung von Vorlesungsunterlagen erfolgte ausschließlich in Papierform. Entweder war eine handschriftliche Mitschrift während der Vorlesung erforderlich, oder die Skripte wurden von Lehrenden und ausgedruckter Form zur Verfügung gestellt.

Frage 2: Wie gestalte sich eine Zusammenarbeit mit Lehrenden bei Projektarbeiten?

Wenn man während der Projektarbeit an Frage hatte, die man an den Professor richten wollte, musste man in dessen Sprechstunde kommen, einen Termin vereinbaren oder nach der Vorlesung fragen.

Frage 3: In welcher Form wurde das Dokument um das es ging dem Lehrenden vorgelegt?

Das Dokument wurde in Papierform vorgelegt.

Frage 4: War eine Bezahlung für die Vorlesungsunterlagen erforderlich?

Die mitgeschriebenen Dokumente waren genauso wie die ausgedruckten Skripte der Professoren kostenlos.

26

Frage 5: Wie gestaltete sich die Zusammenarbeit in Gruppen?

Bei einer Zusammenarbeit war es regelmäßig notwendig Gruppentreffen zu veranstalten. Hierbei wurden meist koordinative Dinge geklärt wie bspw. das referenzieren auf Kapitel von anderen Personen in der Arbeit. Dies war ein enormer Organisationsaufwand und nahm eine Menge Zeit in Anspruch.

Frage 6: Wie gestaltete sich die Korrektur der Teile der Gruppenmitglieder?

Eine Korrektur war nur möglich, wenn das Gruppenmitglied seinen Teil, den er auf einer Schreibmaschine getippt hatte den anderen zur Verfügung stellte.

27

Anhang 2 – Interviewleitfaden Prof. Dr. Josef Fink

Interview wurde geführt mit:

Herrn Prof. Dr. rer. nat.Josef Fink

Diplom-Informatiker (FH), Diplom-Informationswissenschaftler

Nibelungenplatz 1

60318 Frankfurt am Main

16.05.2010

Einleitung: Im Folgenden sind Fragen zu finden, die Herrn Prof. Dr. Josef Fink gestellt wurden um interne Informationen über das BSCW System an der FH-Frankfurt zu sammeln.

Frage 1: Wann wurde das BSCW an der FH-Frankfurt eingeführt?

Ende 2003.

Frage 2: Wird das System auf einem Server der FH-Frankfurt betrieben, oder auf einem externen Server?

Ein Produktionsserver, ein weiterer Server im Warm-Standby und als Live-Datenspiegel im Abstand von längstens 15 Minuten, zusätzlich kleine Test- und Gateway- Server. Alle Server an der FH Frankfurt im Server-Housing der Abteilung Datenverarbeitung. Täglicher Backup der beiden erstgenannten Server über das SAN der Uni Frankfurt…

Frage 3: Bezahlt die FH-Frankfurt für das System, oder wird es ihr von Orbi Team zur kostenlosen Nutzung zur Verfügung gestellt, damit sich die Studenten an das System gewöhnen und evtl. auch einmal in ihrem zukünftigen Berufsleben darauf zurückgreifen?

BSCW ist für Zwecke der Lehre und Forschung kostenlos nutzbar, die FH Frankfurt hat ein zusätzliches Pro-Package installiert, das einen einmaligen (sehr überschaubaren) Lizenzbetrag kostet, abhängig von der Anzahl der Nutzer.

Frage 4: Wurde das System von Mitarbeitern der FH Frankfurt implementiert, oder haben dies externe Experten übernommen?

BSCW ist Standardsoftware, notwendige Anpassungen wurden vom BSCW-Admin vorgenommen.

Frage 5: Gab es einen Grund dafür, dass das BSCW erst 2003 eingeführt wurde? Die Technologie wurde bereits Mitte der 90er Jahre des 20. Jahrhundert entwickelt.

Richtig beobachtet, andere Hochschulen und Forschungsinstitute (z.B. ETH Zürich, Fernuni Hagen, University of Washington) nutzen BSCW schon länger). Da ich zu diesem Zeitpunkt noch nicht an der Fachhochschule war, kann ich Ihnen die Gründe nicht nennen.

Hintergrund: Mein Kollege Dr. Thomas und ich waren zuvor an dem Forschungsinstitut beschäftigt, an dem BSCW entwickelt wurde.